Richard Deiss

Augenweide
Backsteingotik

77 sehenswerte Bürgerhäuser, Rathäuser und Stadttore der Backsteingotik

Impressum

Bibliografische Information der Deutschen Nationalbibliothek: Die Deutsche Nationalbibliothek verzeichnet diese Publikation in der Deutschen Nationalbibliografie; detaillierte bibliografische Daten sind im Internet über http://dnb.d-nb.de abrufbar.

Autor: Richard Deiss

Cover: Richard Deiss

Zweite Auflage 2026, Originalausgabe

© Richard Deiss, Isny 2026

Verlag: BoD · Books on Demand GmbH, Überseering 33, 22297 Hamburg, bod@bod.de

Druck: Libri Plureos GmbH, Friedensallee 273, 22763 Hamburg

ISBN: 978-3-8192-7930-0

Inhaltsverzeichnis

Vorwort   5
Einleitung   6

1. Mecklenburg-Vorpommern   7
2. Sachsen-Anhalt   32
3. Brandenburg   43
4. Sachsen   53
5. Schleswig-Holstein   54
6. Niedersachsen und Bremen   60
7. Nordrhein-Westfalen   70
8. Niederlande   85
9. Belgien   97
10. Polen   100
11. Lettland   103

Schlusswort   104
Zum Autor   104
Quellennachweis   105

Markt 11 in Greifswald

Vorwort

Ich bin ein Städte-Vielreisender und habe in Deutschland bereits alle 2047 Städte besucht und im übrigen Europa mehr als 1000. Weil ich in den besuchten Städten immer wieder interessante Fachwerkhäuser gesehen und fotografiert hatte, beschloss ich im Jahre 2023, eine Buchserie zu Fachwerkhäusern zu machen. Im Norden Deutschlands fielen mir zudem immer wieder schöne Backsteingiebel auf. Vor allem solche in Greifswald, Stralsund und Wismar hatten es mir angetan. Nach Abschluss der Fachwerkserie beschloss ich deshalb, ein Buch zu Backsteingebäuden zu publizieren. Weil mir besonders Bürgerhäuser mit Stufengiebel aus der Zeit der Gotik gefielen, wollte ich mich auf diese Stilepoche beschränken. Backsteingotik-Kirchen wollte ich dabei weglassen, da deren komplexe Architektur, auch im Innenbereich, kaum in wenigen Zeilen darstellbar ist. Bei Bürgerhäusern und anderen Profanbauten, die oft nur von außen betrachtet werden können und zu denen manchmal nur wenige Informationen vorliegen, ist eine Beschreibung in wenigen Zeilen eher möglich. Zu Bürgerhäusern, einschließlich Rathäusern, kommen im Buch noch Stadttore und Stadttürme. Ziel war es, die runde Zahl von 100 Gebäuden zu erreichen (in der 2. Auflage bereits 105), aus denen die Top 77 sowie die Top 22 ausgewählt werden können.

In der zweiten Auflage habe ich das Niederlande-Kapitel um vier Städte erweitert und Gebäude in Goch (NRW) und Brandenburg/Havel aus der Liste gestrichen.

Ich freue mich, wenn das Buch interessierte LeserInnen findet, die es lehrreich und unterhaltsam finden. Kommentare sind willkommen. Vielleicht werden LeserInnen auch angeregt, Backsteingotik-Gebäude selbst in Augenschein zu nehmen.

Viel Spaß beim Lesen und beim Betrachten der Bilder.

Isny, im Juni 2026
Richard Deiss

Einleitung

Da ich in den letzten Jahren hauptsächlich Deutschland bereiste, ist Deutschland auch im Buch überproportional repräsentiert. Dabei ist Mecklenburg-Vorpommern mit den meisten Bauten (30) vertreten, gefolgt von Nordrhein-Westfalen (20), wo vor allem das Niederrheingebiet Backsteingotik-Bauten aufweist. Danach kommen Sachsen-Anhalt und Brandenburg mit jeweils 10 Bauten. Süddeutschland ist eigentlich keine Backsteingotik-Region und deshalb im Buch nicht vertreten. Das Niederlande-Kapitel wurde in der zweiten Auflage um Amersfoort, Hertogenbosch, Deventer und Zutphen erweitert. Was die Zahl der Bauten betrifft, war das Ziel, die runde Zahl von 100 für das Buch zu erreichen. In der zweiten Auflage ist dies um 5 übertroffen worden. Daraus sollen die aus Sicht des Autors sehenswertesten bzw. schönsten 77 (gekennzeichnet mit ★) bzw. 22 (gekennzeichnet mit ★★) ausgewählt werden. Gebäude, zu denen es einen Wikipedia-Eintrag gibt, sind im Buch mit 📖 gekennzeichnet.

Geografische Verteilung der Backsteingotik-Bauwerke im Buch:

Region	Bauten	Top 77	Top 22
Mecklenburg-V.	30	21	7
Sachsen-Anhalt	10	9	1
Brandenburg	10	7	1
Sachsen	1	1	0
Schleswig-H.	6	6	2
Niedersachsen	9	7	3
NRW	19	10	2
Deutschland	85	61	16
Niederlande	14	11	2
Belgien	3	3	2
Polen	2	1	1
Lettland	1	1	1
Europa	105	77	22

Am stärksten vertreten sind Kalkar (9), Stralsund (8), Rostock (6), Lübeck (5), Lüneburg (4) und Brandenburg (4).

1. Mecklenburg-Vorpommern

Mecklenburg-Vorpommern ist eine der Regionen in Deutschland mit der höchsten Zahl an sehenswerten Backsteingotik-Bauten. 30 Gebäude werden in diesem Kapitel vorgestellt. Rostock (insgesamt 6 Gebäude) und Stralsund (8), aber auch Grimmen weisen beeindruckende Rathäuser im Stil der Backsteingotik auf. In Rostock (Kerkhoffhaus), Stralsund (Wulflamhaus), Wismar (Alter Schwede) und Greifswald (Markt 11) gibt es beeindruckende Backsteingotik-Bürgerhäuser.

In vielen kleineren Städten sind Stadttore im Backsteingotik-Stil erhalten geblieben. In **Malchin** (Bild unten) wurde das bereits teilweise abgebrochene Steintor aus dem 14. Jahrhundert 1893 verkauft und zum Abbruch freigegeben. Doch ein Malchiner Maler setzte sich für dessen Erhalt ein und fand Gehör beim mecklenburgischen Großherzog. So wurde das Tor bis Herbst 1894 in Anlehnung an das Original im neogotischen Stil wieder aufgebaut. Dies zeigt die hohe Identifikation der Region mit der Backsteingotik.

Gotisches Giebelhaus (Mitte des 14. Jahrhunderts) ★ 📄

Obwohl es so bezeichnet wird, ist das über die Jahrhunderte deutlich überformte Gebäude mit seinem Pfeilergiebel baustilistisch weder eindeutig gotisch noch ein Giebelhaus, denn eigentlich ist es durch seine Stellung in der Straße ein Traufenhaus. Ab 1996 wurde es saniert. Heute gehört es der Stadt, unter anderem ist dort das Standesamt untergebracht.

Adresse: Frauenstraße 12

Steintor (um 1250) ★ 🖹

Das **Steintor** mit seinem hohen Turm ist das einzige erhaltene Stadttor Anklams und das höchste Stadttor Pommerns. Ursprünglich wurde es in einer niedrigeren Bauhöhe errichtet und später aufgestockt. Heute beherbergt es ein regionalgeschichtliches Museum.

Adresse: Neuer Markt 3

Kornhaus (13. Jahrhundert) 📄

Das auf dem Doberaner Klostergelände gelegene **Kornhaus** wurde im Stil französischer Gotik erbaut und von den Zisterziensermönchen als Kornspeicher genutzt. Ab dem Ende des 18. Jahrhunderts wurde es zum herzoglichen Pferdestall. Heute dient es als Begegnungszentrum und als Jugendkunstschule.

Adresse: Klosterstraße 1

Friedland

Neubrandenburger Tor (2. Hälfte 15. Jahrhundert) ★ 🗎

Das Neubrandenburger Tor ist das größte und besterhaltene Tor der Friedlander Stadtbefestigung. Sowohl die Stadt- als auch die Feldseite zeigen Blendenschmuck und Staffelgiebel. Die vier oktogonalen Ecktürme sind von massiven Kegelhelmen gekrönt. Die Durchfahrt ist spitzbogig.

Adresse: Rudolf-Breitscheid-Straße 111

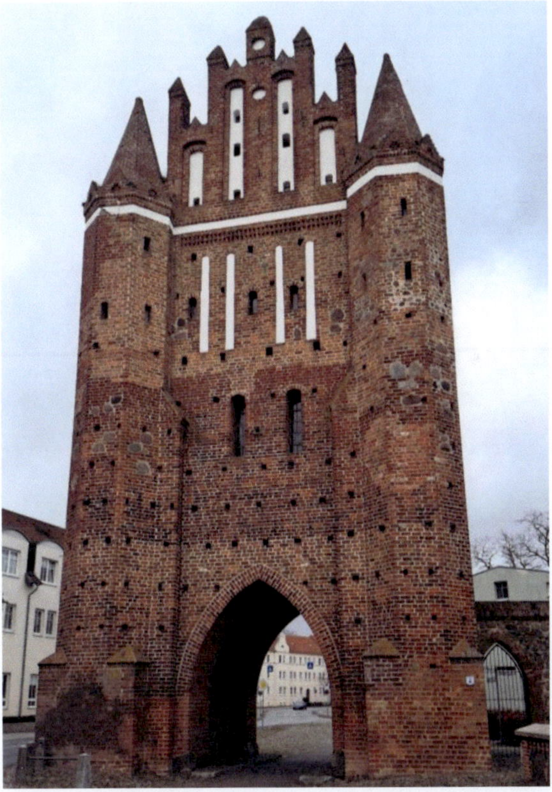

Markt 11 (Anfang 15. Jahrhundert) ★★ 📄

Das Bürgerhaus mit dem schmuckreichen Schaugiebel, als Pfeiler-Stufen-Giebel ausgeführt, gehört zu den beeindruckendsten Bauten der Backsteingotik in Deutschland. Die Instandsetzungsarbeiten des im Krieg unzerstörten Gebäudes hielten es in den folgenden Jahrzehnten in gutem Zustand.

Markt 13 (13./14. Jahrhundert) ★ ★ 🖹

Der Schaugiebel des Gebäudes gehört zu den ältesten im südlichen Ostseeraum. Ursprünglich hatte es einen Schildgiebel, der später zu einem Spitzgiebel umgebaut wurde. 1959 wurde dieser mit Betonsteinen zu einem Treppengiebel umgeformt. Bei der Sanierung in den 1990er Jahren wurden die Betonsteine durch gebrannte, unglasierte Ziegel ersetzt. Dadurch setzten sie sich farblich von der übrigen Fassade ab und man kann bis heute den ursprünglichen Spitzgiebel erkennen.

Grimmen

Rathaus (um 1400) ★ 🗎

Das um 1400 erbaute Rathaus fällt durch sein steiles Satteldach und den siebenachsigen Pfeilergiebel mit den acht Pfeilerstreben mit Spitzhelmchen auf. Es zählt zu den schönsten Backsteingotik-Rathäusern Deutschlands. Seit 1745 gibt es eine Schandkette am linken Pfeiler, an der Bürger früher an den Pranger gestellt wurden.

Adresse: Markt

Malchin

Kalensches Tor (15. Jahrhundert) ★ 📄

Das Kalensche Tor ist das besterhaltene Tor der Malchiner Stadt-befestigung und sehr reich gegliedert. Ursprünglich ein Doppeltor, wurde das Haupttor bereits 1837 abgerissen.

Adresse: Karl-Dressel-Straße 47

Ribnitz-Damgarten

Rostocker Tor (1430) ★ 📄

Das Rostocker Tor in Ribnitz ist eines der ältesten erhaltenen Stadttore Mecklenburg-Vorpommerns. Eine Besonderheit ist das okto-
gonale Abschlussgeschoss, welches auf dem quadratischen Turm
sitzt. 1981 wurde der Turm saniert.

Adresse: Lange Straße 75

Rostock

Rathaus (13. Jahrhundert) ★ 📄

Das Rostocker Rathaus ist der älteste Profanbau der Stadt und zählt zu den bedeutendsten nicht-kirchlichen Backsteingotik-Bauten im Ostseeraum. Seit 1726 verdeckt ein barocker Vorbau mit Laubengang die Backstein-Prunkwand.

☞ Die Sieben gilt als magische Zahl in Rostock (sieben Buchstaben): sieben Stadttore, sieben Glocken, sieben Türme auf St. Marien, sieben Straßen zum Markt, sieben Türme auf dem Rathaus.

Baustil: Backsteingotik, Vorbau Barock, **Adr.:** Neuer Markt 1a

Haus Ratschow (Ende 15. Jahrhundert) ★ ★ (🗐)

Das nach einem Wäschegeschäft, welches sich in der ersten Hälfte des 20. Jahrhunderts darin befand, benannte Haus gehört zu den bedeutendsten erhaltenen gotischen Profanbauten Rostocks. Der Treppengiebel ist mit glasierten Steinen, Terrakottareliefs und -medaillons besonders detailliert gestaltet. 1945 brannte es aus, nur der Giebel blieb erhalten. 1950 wurde es neu aufgebaut. Seit 1961 dient es als Bibliothek.

Adresse: Kröpeliner Straße 82

Kerkhoffhaus (um 1470) ★ ★ 📄

Das nach dem Rostocker Ratsherren Bartold Kerkhof, der es 1470 errichten ließ, benannte Haus erhielt in der ersten Hälfte des 16. Jahrhunderts eine Renaissancefassade mit Schmuckelementen aus farbigen Kacheln. 1902 kaufte die Stadt das hinter dem Rathaus gelegene Gebäude, legte den ursprünglichen Giebel frei und baute es bis 1907 im Innern im Jugendstil um. 1992-94 wurde das Gebäude renoviert.

Adresse: Hinter dem Rathaus 5

Kröpeliner Tor (13. Jahrhundert) 🖺

Das ursprünglich zweigeschossige Tor wurde um 1400 auf sechs Geschosse erhöht. Heute weisen dunkle Backsteinreihen auf die Reste des frühgotischen Bauwerks hin. 1989 musste das Tor aufgrund baulicher Mängel gesperrt werden. 1990 bis 1991 erfolgten Sicherungsmaßnahmen. 2005 überließ die Stadt das Tor der Geschichtswerkstatt Rostock zur Nutzung.

Adresse: Kröpeliner Straße 49a

Walldienerhaus (2. Hälfte 15. Jahrhundert)★ (📄)

Der fünfachsige Stufengiebel mit seinen geputzten Blenden über drei hohen, ebenfalls geputzten Blenden des Erd- und Obergeschosses gibt dem spätgotischen Giebelbau ein markantes Aussehen.

Adresse: Hinter dem Rathaus 2

Hausbaumhaus (um 1490) ★ 📄

Die geschlossene Backsteinfassade des schmalen Baus und der Blendenstaffelgiebel sind typisch für den spätgotischen Baustil. Lange als Wohnhaus genutzt, waren wegen des desolaten Zustandes bis 1980 die Bewohner ausgezogen. 1981 bis 1983 fand eine Rekonstruktion statt. 2002 wurde das ,Haus der Architekten' von der Deutschen Stiftung Denkmalschutz übernommen und saniert.

Adresse: Wokrenterstr. 40

Rathaus (um 1310) ★★ 🗎

Die Anfänge des Gebäudes gehen bis auf den Beginn des 13. Jahrhunderts zurück, als mit dem Bau eines Ratskellers begonnen wurde. Im Laufe des 14. Jahrhunderts wurde das Gebäude erweitert. Ab 1881 kam es zu erheblichen Umbauten. Der Putz der Schaufassade wurde entfernt und die Backsteinfassade neugotisch verblendet.

Adresse: Alter Markt

Dielenhaus (14. Jahrhundert) ★ 📄

Das Kaufmannshaus wurde im 14. Jahrhundert errichtet. In den 1970er Jahren wurde es umfassend restauriert, wobei Teile des Giebels rekonstruiert wurden (an hellerer Backsteinfarbe erkennbar).

Adresse: Mühlenstraße 3

Mühlenstraße 1 (Anfang 14. Jahrhundert) ★ 📄

Während der untere Teil des Gebäudes im Laufe der Jahrhunderte mehrfach umgebaut und verändert wurde, ist der weitgehend original erhaltene viergeschossige Pfeilergiebel sogar der älteste der Backsteingotik.

Wulflamhaus (Mitte 14. Jahrhundert) ★ ★ 🖹

Das Haus ist nach dem Ratsherren Bertram Wulflam benannt, der es vor dem Jahre 1358 für sich erbauen ließ. Als er zu Reichtum gelangte, ließ er das Haus mit einem imposanten Giebel versehen, ähnlich dem des gegenüberliegenden Rathauses. Von 1364-1391 war Wulflam Bürgermeister von Stralsund. Von 1988 bis 1991 wurde das Gebäude umfassend restauriert. Die Arbeiten begannen also noch vor der Wende.

Adresse: Alter Markt

Frankenstraße 28 (14. Jahrhundert) ★ 📄

Bereits 1974-1976 begann Josef Wycisk das Gebäude, welches er preiswert erworben hatte, zu restaurieren und, nach vielen Umbauten im Laufe der Jahrhunderte, wieder in seinen ursprünglichen Zustand zu versetzen.

Kütertor (15. Jahrhundert) ★ 🗎

Die ersten beiden Etagen des 15 m hohen Tors sind in Backstein
ausgeführt. Die dritte Etage zeigt Langbogenfenster, zwischen denen weiße Putzspiegel zu finden sind. Zwischen 2012 und 2015
wurde der Gebäudekomplex zu einem Wohnareal umgebaut.

Adresse: Am Kütertor

Steintor (13. Jahrhundert) 📄

Das Steintor ist ein auf einem Feldsteinsockel errichtetes Backsteintor. Es gibt kaum Zierformen, Putzblenden fehlen gänzlich, so dass die Feldseite (rechts) nicht, wie sonst üblich, repräsentativer als die Stadtseite ist. Im Jahre 1702 gab es starke Schäden durch einen Brand. Zwischen 1991 und 2007 war es Standort des Heimatmuseums.

Adresse: Vor dem Steintor 8

Alter Schwede (1380) ★ ★ 🖹

Das um 1380 im Stil der Backsteingotik mit Treppengiebel erbaute Haus am großflächigen Marktplatz von Wismar ist das älteste Bürgerhaus der Stadt. Heute befindet sich dort die Gaststätte ‚Alter Schwede' mit einem Schwedenkopf im Portal. Wismar gehörte lange zu Schweden und der Name erinnert an diese Zeit. Das Gebäude wurde bereits 1977, also noch zu DDR-Zeiten, umfassend restauriert.

Adresse: Marktplatz

5 weitere bemerkenswerte Backsteingotik-Bauten in MV

Bad Doberan		
Altes Kloster, Wirtschaftsgebäude (1290), Klosterstraße 1 📄		Das größte profane Bauwerk der Klosteranlage wurde 1979 durch Brandstiftung größtenteils zu einer Ruine. Ein Kerngebäudeteil mit Blendgiebel ist mittlerweile jedoch weitgehend wiederhergestellt worden.
Parchim		
Rathaus von Parchim (14. Jh), Schuhmarkt 1, 📄		Im 14. Jahrhundert erbaut. Die damalige Ruine wurde 1818 umgebaut mit stark vergrößerten Fensterdurchbrüchen mit Spitzbögen und Angleichung beider Giebel als Treppengiebel. 1995 gründlich saniert.
Stralsund		
Frankenstraße 36 (14. Jh) (📄)		Das Gebäude besitzt eine Backsteingiebelwand mit gestaffelten Spitzbogenblenden. Die Fassade zur Frankenstraße wurde als Putzbau ausgeführt.
Kampischer Hof (13. Jahrhundert) 📄, Mühlenstraße 23		Der Kampische Hof, einst eine Stadtniederlassung des Klos-ters Neuenkamp, später in Besitz der pommerschen Herzöge und dann der Stadt, ist ein heute ungenutzter Gebäudekom-plex in der Altstadt von Stralsund, der für eine neue Nutzung vorbereitet werden soll.
Teterow		
Rostocker Tor (Mitte 14. Jh), Rostocker Str. 26 📄 ★		Das Tor verfügt noch über eine nachträglich vergrößerte Durchfahrt. Die Stadtseite zeigt einen Staffelgiebel und eine große unverputzte Blende, die Feldseite zeigt drei größere Putzblenden.

2. Sachsen-Anhalt

In Sachsen-Anhalt sind Stendal, Salzwedel und Tangermünde wichtige Städte, was die Zahl der Backsteingotik-Bauten betrifft. Als vierte Stadt ist in diesem Kapitel Gardelegen vertreten. Salzwedel hat sogar die Nase vorn, rechnet man Gebäude hinzu, die nicht ganz eindeutig zugeordnet werden können.

In **Salzwedel** ist das **Amtsgericht** im ehemaligen Rathaus der Altstadt von Salzwedel untergebracht. Dieses ist in der Renaissancezeit gebaut worden, greift aber stilistisch auf gotische Treppengiebel zurück. Auf Wikipedia wird es als Backsteinrohbau im Stil der Norddeutschen Renaissance bezeichnet, gleichzeitig aber in der Liste der Backsteingotik-Bauten geführt.

Salzwedler Tor (16. Jahrhundert) ★

Das Salzwedler Tor ist Teil der Stadtbefestigung der Hansestadt Gardelegen, deren Bau 1553 mit einem mit dieser Jahreszahl bezeichneten Schlussstein abgeschlossen wurde. Zwischen den mächtigen Batterietürmen mit 9 m und 18 m Durchmesser findet sich ein Staffelgiebel. Bei diesem handelt es sich um eine Rekonstruktion aus dem Jahre 1907 nach altem Vorbild.

Adresse: Salzwedler Torstraße 34

Alte Münze (erste Hälfte 14. Jahrhundert) ★ 🗎

1314 erwarb die Stadt Salzwedel das Münzrecht (und verlor es 1488 wieder). Daraufhin wurde die heute als **Alte Münze** bezeichnete Münzprägeanstalt erbaut. 1970 bis 1990 stand das Gebäude leer und musste von der Stadt gesichert werden. Danach erwarb es die Industrie- und Handelskammer Magdeburg und richtete dort eine Geschäftsstelle ein.

Adresse: Altperverstraße 22

Steintor (1530) ★ 📄

Einst der nördliche Eingang der Stadt, wurde das spätgotische
Steintor im Giebel beidseitig mit Ornamenten verziert. Noch
heute kann man durch das Steintor fahren.

Adresse: Steintorstraße

Neuperver Tor (1470) ★

Das Neuperver Tor ist das ältere der beiden erhaltenen Stadttore (ursprünglich waren es 10). Das Tor wurde zwischen 1460 und 1470 angelegt. Zur Stadtseite ist der Turm mit spitzbogigen Blendenpaaren geschmückt. Auf der Feldseite des quadratischen Turms fehlen hingegen Schmuckelemente.

Adresse: Neutorstraße 88

Rathaus (zweite Hälfte 14. Jahrhundert) ★ 📄

Das Rathaus von Stendal hat eine lange, komplexe Geschichte mit vielen baulichen Veränderungen. Im Wesentlichen stammt es aus dem 15. Jahrhundert. Die Gerichtslaube als backsteinsichtiger Bauteil wurde in der zweiten Hälfte des 14. Jahrhunderts erbaut. Das Obergeschoss an der Marktseite ist 1904 nach spätgotischen und Renaissance-Vorbildern rekonstruiert worden.

Adresse: Markt 1

Uenglinger Tor (1450-1460) ★ 📄

Das **Uenglinger Tor** ist das ältere der beiden erhaltenen Stadttore Stendals. Es wurde zwischen 1450 und 1460 erbaut. Er zählt zu den schönsten Stadttoren Norddeutschlands. Ab 1834 ließ die Stadtverwaltung den Turm im Auftrag des preußischen Königs denkmalgerecht restaurieren.

Adresse: Uenglinger Straße

Tangermünder Tor (13. Jh./15. Jh.) ★ 📄

Der romanische Feldstein-Sockel aus dem frühen 13. Jahrhundert mit der Durchfahrt mit Rundbogen ist das älteste Stadttor Norddeutschlands. Darin wurde nach 2018 ein Pferdebahnwagen abgestellt. Eine Pferdebahn fuhr 1892-1926 durch Stendal. Über dem romanischen Sockel thront ein spätgotischer Backsteinaufbau.

Adresse: Tangermünder Tor 1a

Rathaus (Ostflügel um 1430) ★ ★ 📄

Die 24 m hohe Backstein-Schauwand ist der eindrucksvollste Teil des Tangermünder Rathausgebäudes. Der dreiteilige Ziergiebel mit den großen Rosetten, getragen von kleineren, erinnert an ein Kirchengebäude. Die erschütternde Statue von Grete Minde in Ketten trägt zur Dramatik des Rathausplatzes neben dem schroff aufragenden Giebel bei.

Adresse: Lange Straße 1a

Elbtor/Roßpforte (1470) ★

Die Roßpforte ist ein Tor zur Elbe mit einem quadratischen, 23 m hohen Turm mit Durchfahrt. An den Turm schließt ein Wächterhaus an.

Adresse: Rossfurt

Gefängnisturm (1480)

Dieser Turm wurde als Teil der Burg erbaut und später als Gefängnis genutzt.

Adresse: Amt 1

3. Brandenburg

Im Bundesland Brandenburg steht die Stadt Brandenburg (Havel) an der Spitze, was die Zahl der Backsteingotik-Bauten betrifft. Frankfurt an der Oder, Jüterbog und Perleberg weisen zudem sehenswerte Rathäuser dieser Stilepoche auf. In Perleberg im Norden Brandenburgs ist die Seite zum Markt im neogotischen Stil ausgeführt, während die heutige Rückseite eine sehenswerte Fassade im Stil der Backsteingotik aufweist. Gartz und Wittenberge sind weitere im Kapitel vertretene Städte.

Rathaus von **Perleberg** (neogotische Marktseite)

Altstädtisches Rathaus (1468) ★ 📄

Eine Besonderheit des Altstädtischen Rathauses ist der hohe Turm, der wohl von Belfrieden im heutigen Belgien inspiriert wurde. 1715 zog die Verwaltung in das Neustädtische Rathaus um. Nachdem dieses im Krieg zerstört worden war, gab es wieder eine Rückorientierung auf das Altstädtische Rathaus. Nach einer Sanierung bis 2007 ist es heute wieder zentraler Sitz der Verwaltung.

Adresse: Altstädtischer Markt 10

Ordonnanzhaus (1300-1310) ★ 📄

Das Ordonnanzhaus ist eines der ältesten steinernen Profange-
bäude des Bundeslandes. Die ursprüngliche Funktion ist umstrit-
ten. War es vielleicht ein Patrizierhaus? Einst diente es den Ordon-
nanzoffizieren des preußischen Königs als Quartier. Im 19.
Jahrhundert diente es als Arbeitsanstalt für Arme und als städti-
sches Waisenhaus. An der Fassade fallen sechs Halbsäulen auf.
Seit 2007 nutzt die Stadtverwaltung das Ordonnanzhaus.

Adresse: Altstädtischer Markt 10

Rathenower Torturm (14. Jahrhundert) ★ 🖹

Der älteste Kern des Turmes wurde bereits um 1300 errichtet. Im Laufe des 14. Jahrhunderts wurde er als quadratischer Turm vollendet. Im 16. Jahrhundert wurde er durch den Kegelhelm aufgestockt und erreichte somit eine Höhe von 28 m.

Adresse: Rathenower Straße

Rathaus (13. Jh./14. Jh.) ★ 📄

Mit dem Bau des Rathauses wurde vermutlich Mitte des 13. Jahrhunderts begonnen. Bis Mitte des 14. Jahrhunderts wurden die Arbeiten an wesentlichen Gebäudeteilen vollendet. Später wurde das Gebäude barockisiert und ein Rathausturm im Stil der Renaissance erbaut. Am Ende des Zweiten Weltkrieges brannte das Rathaus nieder und wurde bis 1953 wiederhergestellt. 1976-78 wurde das Rathaus umgebaut und seit der Wende mehrmals saniert.

Adresse: Marktplatz 4

Stettiner Tor (15. Jahrhundert) (📄)

Das Stettiner Tor wurde im 13. Jahrhundert aus Feldsteinen erbaut. Im 15. Jahrhundert wurde darauf ein dreigeschossiger Backsteinbau aufgesetzt. Es ist das einzige von vier Toren, welches erhalten geblieben ist. Zur Feldseite zeigt es einen quadratischen Abschluss, zur Stadtseite einen Dreiecksgiebel.

Adresse: Stettiner Straße 14-15

Rathaus (vermutlich Ende 13. Jahrhundert) ★ 🖹

Die genaue Entstehungszeit ist unklar, der Westteil entstand vermutlich gegen Ende des 13. Jahrhunderts. Die unten zu sehende Gerichtslaube mit dem Ziergiebel wurde 1477 errichtet. In dieser fand 1534 der Prozess gegen Hans Kohlhase statt, Vorbild für Heinrich von Kleists Novelle ‚*Michael Kohlhaas*‘.

Adresse: Markt 21

Abtshof (1480) 📄

Der Abtshof war ein Wohnplatz der Stadt Jüterbog und wurde erstmals 1365 erwähnt. Der heute zu sehende spätgotische Stadtpalast wurde 1480 erbaut. Er diente einst dem Abt des Klosters Zinna als Wohnhaus.

Adresse: Am Abtshof

Rathaus (erste Hälfte 14. Jahrhundert) ★ ★ 📄

Der Ostteil des einst im 14. Jahrhundert erbauten Rathauses wurde 1837-39 durch einen verkürzten Neubau im neogotischen Stil mit achteckigem Rathausturm ersetzt. Der westliche Bauteil (Bild) zeigt einen Backsteingotik-Giebel aus dem 14. Jahrhundert.

Adresse: Großer Markt

Steintor (Mitte 13. Jahrhundert) ★ 📄

Das Steintor ist das älteste Bauwerk Wittenbergs. Es wurde vermutlich bereits Mitte des 13. Jahrhunderts erbaut, im oberen Teil als Holzkonstruktion. Nach einem Stadtbrand wurde es um 1430 erneuert. Seit dem 19. Jahrhundert war der Turm Polizeistation und Gefängnis. Ab 1928 wurde hier ein Heimatmuseum eingerichtet.

Adresse: Am Steintor

4. Sachsen

In Sachsen gibt es kaum Backsteingotik-Gebäude. Eine der wenigen Ausnahmen ist in Meißen bei Dresden zu finden.

Meißen

Prälatenhaus (1509)★ 📄

Das spätgotische **Prälatenhaus** war bis 1986 vom Verfall bedroht und wurde seit 1994 saniert. Dabei wurden bedeutsame Wandmalereien der Renaissancezeit freigelegt und restauriert.

Adresse: Rote Stufen 3

5. Schleswig-Holstein

In Schleswig-Holstein sind Backsteingotik-Bauten vor allem in Lübeck, einst ‚Königin der Hanse', zu finden. Mit seinem gotischen Rathaus ist in dieser Region zudem Mölln vertreten.

Lübeck

Holstentor (1478) ★★ 📄

Das spätgotische Gebäude war einst Teil der Stadtbefestigung. Es ist eines von nur zwei erhaltenen Stadttoren und war einst das mittlere von vier hintereinander gereihten Holstentoren. Seit 1950 wird es vom Stadtgeschichtlichen Museum genutzt.

Adresse: Holstentorplatz

Rathaus (1. Hälfte 15. Jahrhundert) ★ ★ 🖺

Das Lübecker Rathaus ist ein komplexer Bau mit mehreren Gebäudeteilen aus verschiedenen Bauepochen, darunter eine Laube im Renaissancestil. Im Bild das nach 1435 erbaute Neue Gemach mit einer Schauwand zum Markt. Die runden Löcher dienen übrigens dazu, den Wind zu brechen und den Winddruck klein zu halten.

Adresse: Breite Straße 62

Mengstraße 6 um 1300) ★ 📄

Das Gebäude enthält gotische Kellerräume aus dem Jahre 1260. Bei einem britischen Luftangriff im März 1942 wurde das ursprünglich hier stehende gotische Gebäude zerstört. Eine Backsteingotik-Fassade eines zerstörten Hauses in der Fischstraße wurde schließlich vor einen Neubau gesetzt. Es verfügt heute über einen unhistorisch breiten Torweg, der bis 1963 als Zufahrt zu einem Parkhaus diente. Zurzeit wird das Gebäude mit dem benachbarten *Buddenbrookhaus* zu einem Literaturmuseum umgebaut.

Mengstraße 25 (13. Jahrhundert) ★ 🖹

Das erstmals 1299 erwähnte Gebäude wurde immer wieder umgebaut und verfügt über Renaissanceelemente und eine Rokokotür. Im Innern verfiel das Haus lange Zeit und wurde zudem baulich stark verändert. Ab 1963 wurde es zu einem Haus für die Kaufmannsjugend umgebaut und in seinem Bestand gesichert.

Depenau 33 (1472) ★ (📄)

Das kleine Bürgerhaus mit seinem gotischen Treppengiebel stammt aus der Zeit um 1500.

Altes Rathaus (1373) ★ 📄

Mit dem ab 1373 erbauten Rathaus hat Mölln neben Lübeck das einzige Rathaus in Schleswig-Holstein im Stil der Backsteingotik. Sowohl auf der Nord- als auch auf der Südseite finden sich Treppengiebel mit Spitzbogenblenden. Im Nordgiebel (kleines Bild) hat sich der schwarz glasierte Backstein gehalten, während der Südgiebel 1896 neugotisch überformt wurde. Heute dient das Rathaus als Stadtmuseum.

Adresse: Am Markt 12

6. Niedersachsen und Bremen

In Bremen und Niedersachsen gibt es weniger profane Backsteingotik-Bauten, als man vermuten würde. In Bremen selbst sind sie kaum zu finden.

Das Erscheinungsbild des **Bremer Rathauses** wird heute von der Weserrenaissance geprägt. Es hat jedoch eine lange, komplexe Geschichte. Das erste Rathaus Bremens wurde im 13. Jahrhundert im romanischen Stil erbaut. 1405-1410 wurde ein gotischer Saalgeschossbau als Rathaus neu errichtet. 1608 bekam das Rathaus eine Südfassade im Stil der Weserrenaissance (Bild unten). Die Nordwestseite, wo das Denkmal der Bremer Stadtmusikanten steht, zeigt jedoch weiterhin Stilelemente der Gotik.

Bremer Rathaus (Südfassade im Weserrenaissancestil)

Liberei (1422) ★ 📄

Die **Liberei** war einst das älteste freistehende Bibliotheksgebäude nördlich der Alpen. Bis zu ihrer Auflösung im Jahre 1753 war die Liberei eine der bedeutendsten Büchersammlungen im norddeutschen Raum. Nach schweren Kriegszerstörungen wurde das Gebäude ab 1963 restauriert.

Adresse: Kröppelstraße 4-1

Altes Rathaus (ab 1410) ★ 🗎

Im Jahre 1410 wurden erste Gebäudeteile fertiggestellt. Im Laufe der Jahrhunderte gab es jedoch zahlreiche Umbauten. Bei Luftangriffen auf Hannover im Jahre 1943 wurden große Teile des Gebäudekomplexes zerstört. Der Schaugiebel an der Westseite wurde erst 1964 rekonstruiert.

Adresse: Köbelingerstraße 4

Kalandhaus (1491) ★

Das **Kalandhaus** war einst Versammlungshaus der 1274 gegründeten Kalandbruderschaft, eines bedeutenden wohltätigen Zusammenschlusses in Lüneburg. Mit der Reformation wurde die Kalandbruderschaft durch den Rat der Stadt 1532 aufgelöst und das Haus von der Stadt übernommen. Es diente zukünftig dem Rektor des Johanneums als Wohnhaus. Ab 1874 folgten Ausbauten für schulische Zwecke.

Adresse: Kalandstraße 11

Rathaus (13. Jahrhundert) ★ ★ 📄

Das **Lüneburger Rathaus** hat mehrere Gebäudeteile, die zu ganz unterschiedlichen Zeiten entstanden sind. Zur Marktseite im Osten zeigt es eine 1720 errichtete barocke Fassade. Auf der West- und Nordseite zeigt es eine Backsteingotik-Fassade mit Stufengiebel. Den Zweiten Weltkrieg überstand das Rathaus unbeschadet.

Adresse: Am Markt

Ehem. Ratsbierkeller (erste Hälfte 15. Jh.) ★ (📄)

Lüneburg war einst eine wichtige Brauerei-Stadt. Im Backsteingo-tik-Gebäude am Sande 53 befand sich einst der Ratsbierkeller. Das Gebäude besitzt einen der ältesten Stufengiebel der Stadt. Während viele andere Giebel aus der Renaissancezeit stammen, kann dieser noch der Backsteingotik zugeordnet werden.

Adresse: Am Sande 53

Am Sande 8 (Ende 15. Jh.) (🗎)

Das gegen Ende des 15. Jahrhunderts erbaute Haus wurde bis 1872 als Brauhaus genutzt. Zum Haupthaus mit seinem vierstufigen Staffelgiebel gehört ein Nebenhaus mit deutlich kleinerem Giebel.

Probstei (1292) ★

Die Probstei ist Wohn- und Amtssitz des Probstes des Evangelisch-Lutherischen Kirchenkreises Uelzen. Die Backsteinfassade des Gebäudes hat, anders als andere Gebäudeteile, den Stadtbrand von 1646 und die Kampfhandlungen des Zweiten Weltkriegs überstanden.

Adresse: Pastorenstraße

Konventsgebäude Kloster Wienhausen (14. Jh.) ★ ★ 📄

Das ehemalige Zisterzienserinnenkloster stammt aus dem 13. Jahrhundert. Heute dient es als evangelisches Frauenstift. Das auf dem Bild zu sehende Konventsgebäude (Südgiebel) mit seinem Treppengiebel stammt aus dem 14. Jahrhundert.

Adresse: An der Kirche 1

Wildeshausen

Rathaus (14. Jahrhundert) ★ ★ 🗎

Der Kern des Rathauses stammt aus dem 14. Jahrhundert. Das Gebäude wird immer noch von Dienststellen der Stadt genutzt. Im
Ratskeller findet sich heute ein Restaurant. Die Nordwand (Bild)
stammt vom frühen 15. Jahrhundert. Mit dem repräsentativen
Schaugiebel ist es eines der wenigen gotischen Backstein-Rathäu-
ser in Niedersachsen. Wildeshausen war im Mittelalter als Wall-
fahrtsort (Gebeine des Heiligen Alexanders) bedeutend.

Adresse: Am Markt 1

7. Nordrhein-Westfalen

Die Niederrheinregion in Nordrhein-Westfalen ist überraschend reich an Backsteingotik-Bauten. Die kleine, einst für den Schnellen Brüter bekannte Stadt Kalkar hat besonders viele solcher Bauten. Insgesamt ist diese Region mit 20 Bauten nach Mecklenburg-Vorpommern in diesem Buch am stärksten vertreten.

Dazu gehört sogar ein Gebäude in **Duisburg**, das **Dreigiebelhaus** (▤, Bild unten) in der Altstadt, ältestes Wohnhaus der Stadt. Das spätgotische Gebäude aus dem frühen 16. Jahrhundert wurde 1536 erstmals erwähnt. 1608 übernahmen es Nonnen eines Klosters, ab 1806 diente es als Textilfabrik. 1961 kaufte die Stadt Duisburg das Gebäude. Heute sind dort Ateliers und Wohnungen für Kunststipendiaten untergebracht.

Lüdinghauser Tor (Ende 15. Jahrhundert) 📄

Ursprünglich im 14. Jahrhundert als hölzernes Tor errichtet, wurden die heute noch zu sehenden steinernen Türme erst Ende des 15. Jahrhunderts erbaut. Der steinerne Verbindungsbau zwischen den Türmen wurde erst 1911 errichtet. Dülmen wurde im 2. Weltkrieg sehr stark zerstört. Das Lüdinghauser Tor ist eines der wenigen erhalten gebliebenen historischen Bauwerke.

Adresse: Lüdinghauser Straße

Haus zu den fünf Ringen (1550)★ ★ 📄

1550 als Patrizierhaus erbaut, wurde es im 2. Weltkrieg bis auf die Außenmauern zerstört (die gesamte Stadt Goch wurde zu 80 % zerstört), aber von den Eigentümern wieder aufgebaut. Heute gehört es der Stadt, die es 2022-2024 aufwendig sanierte.

Adresse: Steinstraße 1

Kalkar (14 000 Einwohner) wurde im Zweiten Weltkrieg teilweise zerstört, doch eine größere Anzahl von Backsteingotik-Bauten blieb erhalten oder konnte wieder aufgebaut werden. Relativ stark waren die Kriegsschäden am Marktplatz.

Markt 6 (unten links) einTreppengiebelhaus aus dem 15. Jahrhundert, wurde 1978/79 umfassend restauriert und erhielt wieder annähernd seine ursprüngliche Fassade. Im Innern ist die einstige Raumaufteilung weitgehend erhalten. Die schlanken Türmchen auf dem Giebel sind übereck gestellt. Markt 16 (rechts) blieb im Krieg weitgehend stehen, wirkt durch die Fenster unterhalb des Giebels jedoch nicht sehr historisch.

Rathaus (1446) ★ 📄

Das Kalkarer Rathaus wurde vom Klever Baumeister Johann Wy-
renberg erbaut. Im Zweiten Weltkrieg wurde die Nordhälfte (im
Bild links) komplett zerstört, danach jedoch wieder rekonstruiert.
Das noch als solches genutzte Rathaus gehört heute zu den bedeutendsten gotischen Profanbauten des Niederrheins.

Adresse: Marktplatz 20

Beginenhof (1500) ★★

Während der Kernbau um 1500 entstanden ist, erfolgten östliche und nördliche Erweiterungen (im Bild nach links) im 16. Jahrhundert, die dem Giebel eine eigenartige Anmutung geben. Das Grundstück war bereits 1430 in den Besitz der Beginen gelangt. Beginen waren unverheiratete Frauen oder Witwen, die in einer ordensähnlichen Gemeinschaft lebten. Durch Handarbeiten, aber auch Bierbrauen, verdienten sie eigenes Geld, waren aber auch in der Krankenpflege tätig. 1980/82 wurde das Gebäude restauriert.

Adresse: Kesselstraße 20

Museum (1500) ★

Das um 1500 erbaute Treppengiebelhaus beherbergt seit 1966 das
städtische Museum, heute zusätzlich die Tourist-Information.

Adresse: Grabenstraße 66

Dat Brouwhuis (16. Jahrhundert) ★

Die ehemalige Bierbrauerei ist im Besitz der Familie Brouwer. Im Innenhof findet sich ein großer Brunnen.

Adresse: Hanselaerstraße 30

Hanselaerstraße 5 (1430)

In diesem einfach gegliederten, schlanken Treppengiebelhaus mit seinen rot-weißen Fensterläden findet sich heute das Stadtarchiv.

Haus Hüskes (zweite Hälfte 15. Jh.) ★

Das älteste mit einem Steingiebel versehene Gebäude der Stadt wird nicht eindeutig der Backsteingotik zugerechnet. Es hat eine Ziegelfassade, während die übrigen Wände aus Fachwerk bestehen. Auf dem sechsstufigen Treppengiebel findet sich ein aufgemauertes Kreuz, denn hier wohnte einst der Rektor des Hospizes zum Heiligen Geist.

Adresse: Peterstraße 41

Münster-Wolbeck

Drostenhof (1545) ★ 📄

Der Drostenhof gilt als erstes herrschaftliches Anwesen im Müns-
terland im Renaissancestil. Das trifft für das Herrenhaus zu. Das
Torhaus (Bild) mit seiner spitzbogigen Tordurchfahrt und den Fia-
lengiebeln weist dagegen noch Merkmale der Spätgotik auf.

Adresse: Drostenhofstraße (Münster-Wolbeck)

Arme-Mägde-Haus (2. Hälfte 16. Jahrhundert) ★

Der Besitzer stiftete das spätgotische Bürgerhaus aus der 2. Hälfte des 16. Jahrhunderts im Jahre 1602 an zwei bedürftige Mägde. Das Haus wurde daraufhin in zwei Wohnungen geteilt.

Adresse: Brückenstraße 3/5

Klever Tor (1393) ★ 📄

Das im 14. Jahrhundert erbaute Doppeltor war Teil der mittelalterlichen Stadtbefestigung, von welcher heute nur noch wenig erhalten ist. Es besteht aus zwei Toren, dem hohen inneren Tor (Bild) und einem wesentlich niedrigeren äußeren Tor. Aufgrund von Kriegszerstörungen mussten die oberen Stockwerke des Inneren Tores rekonstruiert werden, was heute noch am Backsteinmuster sichtbar ist.

Adresse: Klever Straße 39

Gotisches Haus (1540) ★

Dieses spätgotische Treppengiebelhaus mit seinen Fialen kann nur teilweise der Backsteingotik zugerechnet werden, da es, vor allem im unteren Teil, überwiegend aus Tuffstein besteht. Die Fassade ist reich durch Gesimse und Fenster gegliedert. Das Bürgerhaus diente einst als Rathaus und ist heute ein Wohn- und Geschäftshaus mit einem Restaurant im Erdgeschoss.

Adresse: Markt 6

5 weitere bemerkenswerte Backsteingotik-Bauten in NRW

	Borken	
Kuhm-turm. (14. Jh.) Am Kuhm 39		Einer der fünf erhaltenen Türme der mittelalterlichen Stadtbefestigung Borkens. Um 0,6 m geneigter schiefer Turm.
	Erkelenz	
Altes Rathaus (16. Jh.), Markt 25		Vorgängerbau beim Großen Stadtbrand von 1540 zerstört. Bis 1546 neu erbaut. Nach starken Kriegsschäden 1956 wieder aufgebaut.
	Kalkar	
Monroe-estraße 15 (14./15. Jh.) und **Grabenstraße 30** (14./15. Jh.)	 	Das genaue Jahr des Baus der beiden gotischen Giebelhäuser ist nicht überliefert.
	Kempen	
Burg Kempen (14. Jahrhundert), Thomasstr. 20		Die ehemalige Landesburg der Erzbischöfe von Köln wurde im 19. Jh. im Stil der Neugotik umgebaut. Dennoch weist sie noch viel originale Bausubstanz auf und gilt so als eine der besterhaltenen kurkölnischen Burg des 14. Jahrhunderts.

8. Niederlande

In der von Backstein geprägten Architektur der Niederlande hat es architekturgeschichtlich immer wieder Überformungen originaler Backstein-gotik-Architektur in späteren Zeit-räumen gegeben, so dass der ursprüngliche Stil nicht immer klar zu Tage tritt. Das trifft vor allem auf Bürgerhäuser zu, wo Änderungen im Laufe der Jahrhunderte die Zuordnung zur Gotik uneindeutig werden

ließen (siehe Haus in Utrecht, Bild oben). In kleineren Städten und bei Stadttoren, wie im Falle von Zierikzee, ist der Gotikstil leichter zu erkennen.

Het Kapelhuis (vor 1521) ★

Das Kapelhuis ist das einzige erhalten gebliebene spätgotische Haus in Amersfoort. Es wurde um 1500 durch die Brüderschaft van Onze-Lieve-Vrouw erbaut. Zuvor hatten Marienbild-Wunder für einen Pilgerstrom in die Stadt gesorgt.

Adresse: Krankeledenstraat 11

Rathaus (1533) ★★ 📄

Das spätgotische Rathaus wurde 1533 vom flämischen Architekten Rombout Keldermans im Auftrag von Elisabeth von Culemborg errichtet. Auf der Freitreppe der Giebelseite Löwen, die das Wappen der Stadt tragen. Am vorderen Gebäudeeck findet sich ein Pranger.

Adresse: Oude Vismarkt 4

Het Heilige Gest Gasthuis (13. Jahrhundert) ★ 🗎

Das älteste Gasthaus der Stadt wurde ursprünglich 1267 erbaut, beherbergte einst Pilger, Reisende und bot armen Leuten Unterkunft und steht heute unter Denkmalschutz. Der heute auf Straßenseite zu sehende spätgotische Staffelgiebel stammt aus dem Jahre 1542.

Adresse: Brink 69

Rathaus (um 1475) ★ ★ 📄

Das Rathaus besteht eigentlich aus zwei Gebäudeteilen: dem älteren Wijnhuis und dem um 1475 erbauten Schepenhaus (Bild unten). 1663 wurden beide Gebäude durch einen neuen Gebäudeteil vereint.

Adresse: Roggestraat 2

Waag (1478) ★

Die Stadtwaage wurde 1478 in Betrieb genommen. Laut *Guinness Buch der Rekorde* ist die Gastwirtschaft im Gebäude die älteste der Niederlande. Bei der Restaurierung des Gebäudes in den Jahren 1947-49 wurde der Giebel rekonstruiert.

Adresse: Koepoortstraat 2

Haus De Kar (um 1520) ★

Das Kaufmannshaus mit spätgotischem Treppengiebel ist eines der ältesten Wohngebäude der Stadt. Es hat den Stadtbrand von 1554 überstanden und, anders als bei anderen alten Häusern der Stadt, ist auch der ursprüngliche Giebel erhalten geblieben. In der Fassade sind teilweise Feldsteine eingebaut. 1943 wurden der Bacchuskopf und die Weinblätter an der Fassade angebracht, um auf die Vergangenheit als Weinhandelshaus hinzuweisen.

Adresse: Brugstraat 7

De Moriaan (13. Jahrhundert) ★ 🗎

De Moriaan, wahrscheinlich um 1220 erbaut, ist eines der ältesten Backsteingebäude der Niederlande. Wann der angebaute Fachwerkteil ursprünglich entstanden ist, ist nicht klar. Was heute zu sehen ist, ist eine Rekonstruktion aus dem Jahre 1960. Auch weite Teile des Giebels und das Türmchen wurden damals neu aufgebaut, denn das Gebäude hatte im Laufe der Zeit seine Anmutung stark verändert, das (romanisch-)gotische Erscheinungsbild war verloren gegangen. In den 1950ern gab es sogar Abrisspläne.

Adresse: Marktstraat 79

Paushuize (Papsthaus) (1517) ★ 📄

Dieses Gebäude wurde Anfang des 16. Jahrhunderts im spätgotischen Stil für Adriaan Florisz Boeyens, dem späteren Papst Hadrian VI., errichtet.

Adresse: Kromme Nieuwegracht 49

Romerhuis (1521) ★ 🖹

Das ursprünglich im 16. Jahrhundert erbaute Haus mit seinem gotischen Stufengiebel wurde 1939-41 restauriert, jedoch im Krieg 1944-45 sehr stark beschädigt und dann 1950 noch einmal restauriert. Zurzeit befindet es sich in Sanierung.

Adresse: Wijngaardstraat 2

Zaadmarkt 110 (1549)

Bei einer Restaurierung in den Jahren 1939-40 erhielt das mit 1549 bezeichnete Haus weitgehend sein spätgotisches Erscheinungsbild (mit Renaissanceelementen) zurück.

Adresse: Zaadmarkt 110

4 weitere bemerkenswerte Backsteingotik-Bauten in NL

Doesburg		
De Pouw (1. Hälfte 16. Jh), Koepoort-straat 26		Spätgotisches Haus mit hohem Giebel. Fenster und Türen aus dem 19. Jahrhundert. 1955 restauriert.
Utrecht		
Groot Ka-pittelhaus (1462-67), Achter de Dom 7		Bis 1467 für das Domkapitel errichtet, später große Aula der Universität.
Turmhaus (um 1400), Achter de Dom 7 ★		Als Kapitelhaus des Oudmunster errichtet, um 1500 um einen Satteldachbau erweitert.
Zierikzee		
Nobelpoort (14. Jh), Nobelpoort 1 ★		Tor, welches sein ursprüngliches Aussehen mit seinen zwei schlanken, hohen und spitz zulaufenden Türmen gut bewahrt hat.

9. Belgien

Huyse de Grote Sterre (15. Jh.) ★

Das spätgotische Patrizierhaus (Bild unten rechts) aus dem 15. Jahrhundert mit sogar älterem Kern wurde in den Jahren 1993-96 nach starken Sturmschäden im Jahre 1990 restauriert und teilweise rekonstruiert. Heute sind hier verschiedene Dienste untergebracht, wie die Tourist-Information, ein literarisches Museum und ein Ökoladen.

Adresse: Jacob van Maerlantstraat 3

Sint- Janshospitaal (frühes 13. Jh.) ★★ 🗎

Das Krankenhaus als solches existierte bereits seit etwa 1150 und ist damit eines der ältesten des europäischen Kontinents. Im Mittelalter die wichtigste Einrichtung für Kranke, aber auch Arme und teilweise Pilger, beherbergt das Sint-Janshospitaal seit 1977 ein Museum.

Adresse: Mariastraat 36A

Belfried und Stadthallen (um 1240) ★ ★ 📄

Der 83 m hohe Belfried demonstrierte einst die Macht des selbstbewussten reichen Bürgertums der Stadt. Noch heute darf ihn kein Gebäude der Stadt überragen. Der Turm brannte 1493 ab und wurde überwiegend mit Werkstein wieder aufgebaut, jedoch mit einer Spitze aus Holz. Diese brannte 1741 ab. Statt einer hölzernen Spitze bekam der Turm deshalb 1822 eine neogotische steinerne Krone. Die Stadthallen sind dagegen weitgehend in Backstein ausgeführt.

Adresse: Markt 7

10. Polen

Im Norden Polens gibt es zahlreiche Backsteingotik-Bauten. Diese Region habe ich bisher kaum bereist, mit Ausnahme von Thorn.

Thorn

Brückentor (1432) 📄

Das **Brückentor (Brama Mostowa)** ist eines der drei erhaltenen Tore der mittelalterlichen Altstadt Thorns. Alle drei Tore liegen zur Weichsel und zeigen die einstige Bedeutung des Flusshafens. Das Tor mit seinen Backsteinzinnen war Teil einer bis ins 18. Jahrhundert vollständig erhaltenen Stadtmauer, welche das Zentrum umgab.

Adresse: Mostowa

Kopernikus-Haus (1370) ★ ★ 🗎

Man geht davon aus, dass in diesem Haus, welches der Koperni-
kus-Familie seit der zweiten Hälfte des 15. Jahrhunderts gehörte,
der Astronom Nikolaus Kopernikus (1473-1543) geboren wurde.
Ursprünglich diente es als (Getreide-)Speicher und als Wohnhaus.

Adresse: Mikołaja Kopernika 15

Kopernikus-Haus (1370), rechter Gebäudeteil ★ 📄

Rechts von Hausnummer 15 steht ein schmaleres, zierliches Haus, welches auch zum Kopernikus-Komplex gezählt wird.

Adresse: Mikołaja Kopernika 17

11. Lettland

Schwarzhäupterhaus (14. Jahrhundert, 1993-1999) ★ ★ 📄

Das Gebäude war lange Sitz der Compagnie der Schwarzen Häupter, einer Vereinigung junger unverheirateter ausländischer Kaufleute, die in Riga lebten, ohne Bürger der Stadt zu sein. Die reich verzierte, fast barock anmutende Fassade ist Ergebnis einer Umgestaltung Anfang des 17. Jahrhunderts im manieristischen Stil nach holländisch-flämischen Vorbildern. 1941 von deutschen Truppen zerstört, wurde die Ruine 1948 gesprengt. 1993 bis 1999 wurde das Schwarzhäupterhaus originalgetreu wieder aufgebaut.

Adresse: Ratslaukums 7

Schlusswort

Ich hoffe, die kleine Sammlung von Backsteingotik-Bauten ist für die LeserInnen unterhaltsam und anregend. Über Hinweise zu weiteren interessanten Bauten würde ich mich freuen. Kommentare zur bestehenden Sammlung sind ebenfalls willkommen. Am besten an:

Richard.deiss@gmail.com

In Landau/Isar gesehen.

Zum Autor

Richard Deiss stammt aus Isny im Allgäu, studierte in den 1980er Jahren in München Geografie und arbeitete ab den 1990er Jahren als Verkehrsplaner und im Bereich der Statistik. Heute lebt er in Isny im Allgäu. Bei BoD hat er seit 2006 bereits mehr als 90 Titel publiziert, zuletzt sechzehn Bücher zu Fachwerkhäusern und sieben zu weiteren Architekturthemen.

Seine Bücher sind in dieser Form ungewöhnlich und decken zudem meist Themengebiete ab, zu denen es bisher wenige Veröffentlichungen gibt.

Quellennachweis:

Bilder: Richard Deiss

Texte: Informationen zu den Texten:

Wikipedia wurde als Quelle für alle Gebäude benutzt, die durch ein 🗎 gekennzeichnet sind. Zusätzliche Quellen:

Allgemeine Quellen

Europäische Route der Backsteingotik
https://www.eurob.org

Ortsspezifische Quellen

Borken, Kuhmturm
https://www.borken.de/de/kultur-tourismus/Tourismus/Sehenswuerdigkeiten/Stadttuerme.php

Damme, Huyse de Grote Sterre
https://www.visitdamme.be/huysedegrotesterre

Gardelegen, Salzwedler Tor
https://www.gardelegen.de/Kurzmen%C3%BC/index.php?object=tx,3524.1.1&ModID=9&FID=3524.814.1&NavID=3524.7&La=1

Kalkar, Beginenhof
https://www.kalkar.de/kultur-tourismus/fuer-gaeste-touristen/geschichtstafeln

Kalkar, Historisches Rathaus
https://www.kalkar.de/kultur-tourismus/fuer-gaeste-touristen/geschichtstafeln

Lüneburg, Kalandhaus
https://www.quadratlueneburg.de/kaland.html

Roermond, Haus de Kar
https://stichtingruimteroermond.nl/giotisch-huis/

Salzwedel, Neuperver Tor
https://entdecke-salzwedel.de/neuperver-tor/

Tangermünde, Roßpforte
https://www.tangermuende.info/sightseeing.html

Tangermünde, Gefängnisturm
https://www.tangermuende.de/de/kultur/gefaengnisturm.html

Uelzen, Propstei
https://www.heideregion-uelzen.de/detail/id=602263ecb25d2f6335d8e29a

Xanten, Arme Mägde Haus
http://wikimapia.org/14053890/de/Arme-M%C3%A4gde-Haus

Xanten, Gotisches Haus
https://www.baukunst-nrw.de/objekte/Gotisches-Haus-Xanten--2616.htm

Amersfoort, Kapelhuis
https://www.amersfoortopdekaart.nl/hoogtepunten/binnenstad/kapelhuis/pointofinterest/detail

S'Hertogenbosch. De Mondriaan
https://www.erfgoedshertogenbosch.nl/verhalen/de-moriaan

Deventer, Heilige Geest Gasthuis
https://www.canonvannederland.nl/nl/overijssel/salland/deventer/heilge-geest-gasthuis

Architekturbücher des Autors bei BOD, www.bod.de

Fachwerkhäuser

Deutschlands schönste Fachwerkhäuser
Meine Liste der 100 schönsten Fachwerkgebäude in Deutschland
Norderstedt 2023

Die schönsten Fachwerkhäuser in Norddeutschland
Meine Liste der 77 schönsten Fachwerkhäuser in den 5 nördlichen
Bundesländern, Norderstedt 2024

Die schönsten Fachwerkhäuser in Nordrhein-Westfalen
Meine Liste der 77 schönsten Fachwerkhäuser in NRW,
Norderstedt 2024

Die schönsten Fachwerkhäuser in Hessen
Meine Liste der 77 schönsten Fachwerkhäuser in Hessen,
Norderstedt 2024

Die schönsten Fachwerkhäuser in Rheinland-Pfalz und im Saarland,
Meine Liste der 55 schönsten Fachwerkhäuser in
Rheinland-Pfalz und im Saarland, Hamburg 2026

Die schönsten Fachwerkhäuser in Baden-Württemberg
Meine Liste der 77 sehenswertesten Fachwerkgebäude in Baden-
Württemberg, Norderstedt 2025

Die schönsten Fachwerkhäuser Bayerns
Meine Liste der 77 sehenswertesten Fachwerkgebäude in Franken
und in Bayerisch Schwaben, Norderstedt 2024

Die schönsten Fachwerkhäuser Thüringens
Meine Liste der 55 sehenswertesten Fachwerkgebäude in
Thüringen, Norderstedt 2025

Die schönsten Fachwerkhäuser in Mittel. Und Ostdeutschland
Meine Liste der 77 sehenswertesten Fachwerkhäuser in Brandenburg, Sachsen, Sachsen-Anhalt und Thüringen, Norderstedt 2024

Neue Fachwerkhäuser
Rekonstruierte, translozierte oder auf andere Weise neu errichtete Fachwerkhäuser
Norderstedt 2025

<u>Andere Themen</u>

Schwangere Auster und Hohler Zahn
555 Gebäudebeinamen und was dahintersteckt, Norderstedt 2019

Haussmann, Holl und Hillebrecht
77 Denkmäler für Architekten, Baumeister und Stadtplaner, Norderstedt 2023

Die schönten Bauwerke der Weserrenaissance
Meine Liste der 55 schönsten Weserrenaissancebauten, Norderstedt 2025

Klinkerwunder Backsteinexpressionismus
77 bemerkenswerte Gebäude des Backsteinexpressionismus, Hamburg 2026

Bauhaus Augenschmaus
77 Sternstunden des von Bauhaus inspirierten Neuen Bauens
Hamburg 2026

Siebenundsiebzig Siedlungen
Meine Liste der 77 sehenswertesten Siedlungen in Deutschland und anderswo
Norderstedt 2025